PANÉGYRIQUE

DU BIENHEUREUX

JEAN-GABRIEL PERBOYRE

PRONONCÉ

DANS LA CATHÉDRALE DE NICE

LE 26 JANVIER 1890

PAR

MONSEIGNEUR FABRE

PROTONOTAIRE APOSTOLIQUE ET VICAIRE GÉNÉRAL DE NICE

NICE

IMPRIMERIE DU PATRONAGE SAINT-PIERRE

(Œuvre de Don Bosco)

1890

Pro patribus tuis nati sunt tibi filii.
Psalm. 44. v. 18.
Des fils vous sont nés pour remplacer leurs pères.

Monseigneur, mes Frères.

Ce n'est pas exprimer la vérité toute entière que de dire, en parlant de Notre Sainte Mère l'Eglise Catholique, qu'elle est immortelle. Immortelle, certes elle l'est de par la promesse infaillible de Jésus-Christ son divin fondateur: « *Portae inferi non paervalebunt adversus eam.* » Les portes, c'est-à-dire, les puissances infernales ne prévaudront jamais contre elle. En vertu de cette parole du Maître, l'Eglise doit survivre, à tous les cataclysmes, qui peuvent se produire sur notre globe, elle doit sortir victorieuse de tous les combats et traverser tous les âges ; c'est elle, en un mot, qui doit signer la dernière page de l'histoire de l'humanité. Point de contestation à ce sujet, cela est tout à fait du domaine de la foi, mais ce n'est pas tout.

A la prérogative de la Perpétuité, s'en ajoute une autre non moins glorieuse, si elle ne l'est pas d'avantage, celle de l'indéfectibilité. Indéfectibilité de l'Eglise, cela veut dire, qu'elle ne vieillit pas. Chez tous les êtres qui ont vie, on distingue l'époque de la naissance et du développement, celle de la maturité et de la plénitude de la vie suivie par le déclin qui aboutit invariablement à la décomposition et à la mort. Ces phases, ces vicissitudes ont tout le caractère d'une loi invariable, constante, générale : la loi des êtres vivants. Or l'Eglise, le corps mystique de Jésus-Christ, vivant d'une vie surnaturelle et divine, l'Eglise échappe à cette loi générale.

Elle est toujours jeune, toujours pleine de la même force, de la même ardeur, toujours débordante de la même sève divine qu'elle avait le jour où elle est sortie du côté ouvert de son divin auteur, le lendemain de la Pentecôte et aux premiers temps de son histoire.

Cette jeunesse immortelle de l'Eglise, vient de s'affirmer, une fois de plus, dans la béatification du glorieux serviteur de Dieu *Jean Gabriel Perboyre*, dont la solennité nous rassemble ce soir, sous les voûtes de cette vieille cathédrale. En effet, la vie, la mort, l'exaltation de cet illustre martyr prouvent une fois de plus, que l'Eglise qui l'a enfanté à la grâce et préparé au triomphe ; que l'Eglise dans le sein de laquelle il a vécu et consommé son immolation, que cette Eglise, dis-je, n'a rien perdu de sa fécondité pour engendrer les saints. A dix-huit siècles de son origine, nous la trouvons encore telle que nous l'avaient représentée les prophètes sous l'image d'un arbre planté dans un terrain fertile, continuellement arrosé par un fleuve qui coule à ses pieds : d'un arbre dont les feuilles ne tombent pas et qui donne à toutes les saisons des fleurs d'un pur parfum, et des fruits également bons et savoureux.

Ils furent en effet magnifiques les fruits qu'elle a produits dès sa première apparition sur la terre, dans la personne de ces martyrs qui étonnèrent le monde par leur fermeté et leur constance, et dont la patience lassa la cruauté des bourreaux ; mais la sève de cet arbre est loin d'être épuisée. Et de nos jours, le glorieux Perboyre, par le témoignage éclatant qu'il a rendu à la foi, s'est montré digne de prendre rang parmi les plus illustres confesseurs de la foi. Il s'est montré digne fils de l'Eglise Romaine, *Pro patribus tuis nati sunt tibi filii.*

Ce furent des fruits magnifiques de la grâce, que les mérites et les vertus de Vincent de Paul et de ses premiers compagnons ! On a dit, et avec raison, que les vertus de Saint Vincent de Paul étaient suffisantes non seulement pour l'élever sur les autels, mais que réparties entre plusieurs, elles auraient suffi à la canonisation de quatre personnes. Eh bien ! la sève de cette branche entée sur l'arbre divin qui est l'Eglise, je veux dire la congrégation que ce grand saint a fondée n'est pas non plus épuisée. Aussi n'est-ce pas seulement par le martyre, que notre bienheureux s'est montré le digne fils de son père, mais encore par les vertus, qu'il a acquises dans cette Congrégation, vertus qui l'ont préparé au triomphe. Ce martyr en somme, est le baptême sanglant de la règle de Saint-Lazare.

Et Léon XIII, en plaçant ce grand serviteur de Dieu sur les autels, a-t-il autre chose en vue que de réveiller dans l'Eglise en général, et tout particulièrement en France, patrie du Bienheureux, notre patrie à tous, l'esprit de foi, afin d'y perpétuer la race de ces grands chrétiens qui, de tout temps, l'ont illustrée par leur piété autant que par leurs exploits ? Ne cherchez pas d'autre motif pour expliquer l'acte accompli à Rome, le dix novembre dernier, en présence de deux mille français. Ce réveil de la foi, de l'esprit de piété, est ce qui forme le but secondaire de la béatification, ce qui lui donne son caractère d'actualité: et d'actualité palpitante, comme l'on dit.

Ainsi, Jean Gabriel Perboyre, digne émule, par son martyre, des confesseurs du premier âge de l'Eglise ; Jean Gabriel Perboyre, digne fils de Saint Vincent par les vertus qu'il a possédées à un degré éminent, et qui l'ont préparé à la lutte et rendu digne du triomphe ; enfin Jean Gabriel Perboyre par sa béatification, instrument de salut pour réveiller dans le monde entier et surtout en France, l'esprit de foi et de religion, voilà ce qui va former tout ensemble et le sujet et le partage de mon discours.

I. Vers le commencement de l'année 1840, des lettres arrivées de l'extrême Orient apportèrent en Europe la nouvelle qu'une furieuse persécution contre les chrétiens s'était déclarée en Chine, et qu'elle sévissait principalement dans la province du Houpé. On ajoutait en même temps que Jean Gabriel Perboyre, prêtre de la Congrégation de la Mission, était tombé entre les mains des satellites lancés à la poursuite des fidèles.

C'était le commencement du drame sanglant, dans lequel les persécuteurs devaient montrer une cruauté égale, sinon supérieure, à celle des plus féroces tyrans, tandis que notre Bienheureux ferait preuve d'une force d'âme et d'une constance qui le mettent sur le pied des plus grands héros du Christianisme. Sublime et fortifiant spectacle ! Puissions-nous le saisir dans toute sa magnificence et sa grandeur : puissions-nous surtout, à la vue de tant d'héroïsme, prendre la résolution de faire tout ce qui dépend de nous, même au prix des plus grands sacrifices, pour régner un jour avec Dieu et triompher avec ses élus.

Ce qu'il importe avant tout de mettre en pleine lumière, c'est que le serviteur de Dieu, Jean Gabriel Perboyre, a été enchaîné en haine de la religion, que c'est bien pour la foi qu'il a enduré tous les tourments qu'il a soufferts, et qu'il est mort uniquement pour l'amour de son Dieu ; rien de plus certain. Cela ressort avec la dernière évidence, de tout un ensemble de témoignages d'une autorité irrécusable.

C'est sur les poteaux qui se dressaient aux intersections des voies romaines, et où étaient affichés les édits de persécution, que les premiers chrétiens apprenaient le sort qui leur était réservé s'ils venaient à être dénoncés et traduits devant les tribunaux : c'est d'une façon un peu différente, mais non moins certaine, que notre intrépide missionnaire a connu le danger auquel il s'exposait en mettant le pied sur ce sol que, par antiphrase sans doute, on appelle le celeste empire. La loi portée en 1794 par Kien-Loung proscrivant la religion chrétienne et condamnant à mort tout étranger qui oserait la professer, et surtout l'enseigner dans toute l'étendue de son empire, cette loi était connue de notre ardent apôtre, comme elle était connue de tous ceux qui allaient prêcher l'évangile dans ces contrées lointaines.

Au reste, si quelque doute a pu planer sur ce point, il a été surabondamment éclairci dans les longs, nombreux et terribles interrogatoires que notre confesseur a dû subir devant les mandarins civils ou militaires et devant le vice roi d'Ou-Tchang-Fou.

« Renoncez à Jésus-Christ, lui dit-on ; et lui de ré-
« pondre : Non, j'aime mieux mourir, mille fois mourir.
« Fouler aux pieds la croix? c'est ce que je ne ferai
« jamais. — Si vous ne le faites pas je vous ferai mourir.
« C'est précisément ce que je veux ; mourir pour la
« foi c'est le désir le plus ardent de mon cœur :
« *Valde gaudeo pro fide mea mori.* »

Voilà, M. F, à quelques nuances près, les questions qui lui ont été posées, dans les trente interrogatoires environ qu'il eut à subir ; voilà la réponse calme, mais ferme et invariable, qu'il a constamment opposée à ces insidieuses questions. Aussi sous ce rapport, point de différence entre les martyrs du premier âge de l'Eglise et notre bienheureux ; il est vraiment confesseur de la foi, témoin de Jésus-Christ, martyr dans toute la force du mot. Continuons maintenant ce parallèle si glorieux pour notre héros, si édifiant pour nous.

Jean Gabriel Perboyre est en prison, et quelle prison, grand Dieu ! que celle où il est enfermé, et tenu captif. C'était sans doute quelque chose d'affreux que les cachots où, sous Rome payenne, gémissaient les prisonniers d'Etat, les coupables d'un crime punis de la peine capitale, et les chrétiens qui étaient, selon la parole de Tacite, assimilés aux plus grands scélérats. « *Convicium generis humani.* » Qui de nous n'a pas ressenti dans son cœur un sentiment d'horreur indicible en visitant la célèbre prison Mamertine, prison toute creusée dans le roc et où les prisonniers ne recevaient l'air, le jour, aussi bien que la nourriture qu'à travers une petite ouverture pratiquée au milieu de la voûte ? C'était épouvantable ! et pourtant cette prison peut paraître supportable si on la compare aux lieux sombres et humides, à l'air fétide, où notre martyr a dû séjourner pendant de longs et de longs mois.

Je ne vous donnerai qu'un détail sur la prison d'Ou-Tchang-Fou, capitale du Houpé, et à ce détail vous pourrez comprendre et apprécier les souffrances qu'a endurées notre illustre prisonnier pendant sa captivité.

Les captifs, est-il dit dans une des pièces du procès instruit en Chine, avaient à subir tous les soirs une opération extrêmement cruelle. On leur attachait fortement un pied dans une espèce d'étau en bois fixé à la muraille. De là de cruelles souffrances, soit à cause de l'immobilité forcée ou ils étaient réduits, soit à cause du froid et surtout à cause de l'étreinte qui serrait le pied. Les suites de ce traitement furent telles pour le bienheureux qu'une partie de son pied tomba en pourriture, et un de ses doigts se dessécha entièrement. Avez-vous lu quelque chose de plus cruel, en fait de captivité, dans les actes des martyrs des premiers siècles de l'Eglise? Moi je ne puis rien me rappeler de plus dur en ce genre. « *Quanta passi sunt tormenta ut securi pervenirent ad palmam martyri* ! » Que de tourments ont dû endurer les saints pour gagner la palme du martyre ! Ces paroles, que l'Eglise applique à tous les martyrs en général, me paraissent être on ne peut mieux justifiées pour le glorieux Perboyre. Mais poursuivons notre comparaison.

Ce qu'il y avait de plus terrible pour les anciens martyrs, plus terrible que le martyre lui-même, c'était ce qu'on appelait les préliminaires juridiques de la question préventive. Par un renversement étrange des notions reçues en matière d'instruction criminelle, la procédure romaine dans les causes de christianisme, avait pour but d'arracher aux accusés, non l'aveu, mais la négation de leur crime. Pour obtenir le désaveu de ce qui formait tout le corps du délit dont ils étaient accusés, désaveu qui en somme n'était rien autre que l'apostasie de leur foi : il n'y avait de tortures qu'on n'employât contre les patients. Chevalets, grils, plaques rougies, ongles de fer, chaudières de cire ou d'huile bouillantes et de plomb fondu ; poix et résine dont on enduisait le corps des chrétiens pour les faire bruler pendant la nuit en guise de torches ; tous ces instruments et autres semblables, employés par les persécuteurs, contre les membres de Jésus-Christ, sont connus. On aurait pu croire que la matière était épuiée et que le génie fertile des tyrans ne pouvait pas pousser plus loin le rafinement de leur cruauté. Erreur! Les barbares de l'extrême Orient, au dix-neuvième siècle, ont trouvé le moyen de renchérir encore sur les monstruosités de leurs devanciers de la Rome payenne.

Le fait est que notre illustre confesseur a été lui aussi battu de verges. « J'ai reçu, écrit-il du fond de sa prison à ses confrères de Tche-Kiang, par l'intermédiaire d'un lazariste chinois qui avait pu pénétrer jusqu'à lui, j'ai reçu cent coups de bâton de bambou. » Lui aussi a passé par les tourments de la torture. « Je fus obligé, ajoute-t-il dans le même billet, de rester pendant une demi journée, les genoux sur des chaines de fer et suspendu à la machine hangtsé, parce que je ne voulais pas dire ce que les mandarins voulaient savoir de moi !!! Il a eu son corps déchiré par des lanières de cuir garnies de fer à l'extrémité, et ses membres ont été disloqués par la tension des cordes de la terrible machine qu'on nomme chevalet.

En entendant le récit de ses souffrances, ne vous croyez-vous pas transportés en pleine ère de persécution? Certes la ressemblance entre les victimes de la tyrannie d'alors et notre Bienheureux ne saurait être plus frappante. Et ce n'est pas tout.

Lorsque les persécuteurs ont pu frapper leurs victimes au cœur, en le blessant dans les sentiments qu'ils savaient leur être les plus chers, ils ne s'en sont pas fait faute. C'est ce que nous apprend l'histoire. Mais voyez jusqu'à quel point notre martyr a éprouvé, dans ce qu'elle a de plus amer, cette cruelle, cette poignante douleur du cœur. Pendant un interrogatoire, on l'entendit pousser un de ces cris d'angoisse qui révèlent une immense désolation de l'âme. Or, qu'elle en était la cause? C'était un outrage fait à son Dieu, à son Sauveur, à son Maître. Voyant qu'au lieu de fouler aux pieds le crucifix, comme on le sommait de le faire, il le baisait respectueusement, l'appliquait et le serrait fortement sur son cœur, on le lui arracha des mains et, sous ses yeux, on le souilla d'une manière révoltante. Cette injure, faite à l'image de son amour crucifié, fut un glaive qui perça son âme de part en part, qui blessa son cœur dans sa partie la plus sensible et lui arracha un cri d'une ineffable angoisse.

Je sais que les faux frères et les apostats ont joué un rôle très actif dans le supplice des anciens martyrs, mais rarement ils se sont montrés aussi hostiles, aussi acharnés contre les confesseurs de la foi, que l'ont été ceux du Houpé à l'occasion du martyre du Bienheureux. Ce grand apôtre, cet apôtre si zélé, a eu la poignante douleur de voir apostasier à peu près les deux tiers des chrétiens faits prisonniers avec lui, et après avoir renié la foi, il les a vus sur l'instigation des tyrans se tourner contre lui, l'accabler d'injures, le frapper indignement. Ce n'était pas tant son corps qui était tourmenté que son âme. Son âme, était par là vraiment crucifiée.

La confusion, la honte de se voir exposé aux insultes d'une vile populace, tout cela n'a pas manqué à notre glorieux Perboyre. On l'a vu traverser presque toutes les villes du Houpé, chargé de chaînes, n'ayant que des vêtements sordides et déchirés. C'est dans cet accoutrement, l'accoutrement des plus vils scélérats, qu'on le fait paraître sur les grands marchés de cette province, qu'on l'expose sur toutes les grandes places. Réunissez tout cela, et dites-moi ensuite s'il ne peut pas s'approprier la parole de saint Paul : *Existimo enim nihil me minus fecisse a magnis apostolis* (1). Je ne

(1) 2. Corinth. XI 5, 21.

crois pas avoir souffert moins que les grands martyrs. Et puis, quelle n'est pas la longueur de sa passion! Il y a douze mois que notre athlète est dans l'arène, soutenant sans répit le choc de la plus violente et de la plus cruelle des persécutions. Il y a douze mois; avez-vous bien remarqué cet intervalle, une année entière? Oui c'est depuis le 14 septembre 1839 jusqu'au 11 septembre 1840, que notre confesseur est aux prises avec des tyrans féroces qui ont juré, ou d'arracher la foi de son âme, ou l'âme de son corps par une lente et cruelle agonie.

Or pendant ce combat si long et si acharné a-t-on vu son courage faiblir un instant? l'a-t-on vu céder en un point quelconque, a-t-on en un mot, surpris en lui la moindre défaillance? Non, jamais. Au contraire son courage, sa fermeté, sa force d'âme n'ont fait que grandir avec la lutte. Son corps est épuisé, ses membres disloqués, sa chair tombe en lambeaux, mais son âme garde toute sa vigueur et sa force invincible. Son âme, après une si longue et si dure épreuve, demeure plus que jamais rivée à la vérité, à la justice, à l'amour envers son maître. Quand on croit l'avoir vaincu il s'écrie avec Saint Paul: « *Quis me separabit a charitate Christi*? (1) » Qui pourra jamais me séparer de l'amour de Jésus-Christ? Sera-ce la faim, la soif, la persécution, le glaive? Non, non ni ces maux, ni tous les maux de l'univers s'unissant pour fondre tous à la fois sur ma personne, n'auront assez de force pour m'arracher des bras de mon bien-aimé Jésus! Dans ce duel de la force brutale avec l'innocence désarmée, de la haine féroce avec la douceur et la mansuétude, de la personnification de tous les vices qui dégradent l'homme, avec toutes les vertus qui ornent et embellissent une âme, les vaincus ont été ceux qui se croyaient

(1) Romain, VIII, 35.

les plus forts, le vice-roi d'Ou-Tchang-Fou les mandarins et les bourreaux ; le vainqueur, est celui qui n'a combattu qu'avec sa patience héroïque, et avec sa douceur inaltérable, le vainqueur a été notre grand Perboyre.

Or cela étant ainsi, trouvez-vous, M. F., quelque différence entre l'Eglise qui, sous le feu de la persécution, envoyait ses apôtres dans les Gaules, dans la Germanie, en Angleterre, dans la Pannonie et bien au delà des provinces romaines, et l'Eglise qui de nos jours, envoie ses intrépides missionnaires dans l'extrême Orient, dans le centre de l'Afrique et dans les îles perdues au milieu de l'Océan? Non, il n'y a point de différence : l'Eglise est toujours la même, elle ne vieillit pas.

Quelle différence trouvez-vous entre les héros qui ont confessé la foi de Jésus-Christ dans les arènes de Rome, de Lyon, de Carthage, de Smyrne, d'Ephèse, ou de toute autre ville romaine, et ceux, qui de nos jours, sont morts pour la foi, dans la Cochinchine, dans la Corée, au Japon, au Tonkin, et notre Perboyre qui meurt par le supplice de la strangulation, attaché à un gibet en forme de croix, sur la montagne rouge, près d'Ou-Tchang-Fou ? Point de différence entre ces confesseurs de la foi. Dans les derniers comme dans les premiers, brille une égale force d'âme, une égale constance, une égale ardeur. « *Pro patribus tuis nati sunt tui filii.* » Les fils égalent leurs pères.

On a remarqué que notre illustre martyr est mort les regards tournés vers l'occident. Vers l'occident, c'est-à-dire vers Rome, mère et maîtresse infaillible de toutes les Eglises, comme pour lui dire : Sainte Eglise Romaine, ma mère, c'est grâce à votre fécondité inépuisable que j'ai pu soutenir le bon combat, et que je triomphe du haut de mon gibet, comme d'un trône éclatant; c'est aussi pour rendre hommage à la vérité dont vous êtes le dépositaire et l'interprête infaillible que je meurs; j'atteste par la voix de mon sang, en face du ciel et de la terre, que Vous seule avez mission, autorité et grâce pour conduire l'humanité régénérée à sa destinée immortelle.

II. Il est dans la nature de l'esprit humain, lorsqu'il se trouve en présence d'une grandeur quelconque, de vouloir en connaître le secret; il n'est satisfait qu'après s'être rendu compte de ce qui fait l'objet de son admiration. C'est notre cas. Une grandeur morale vraiment transcendante, la grandeur d'une âme qui a aimé son Dieu de l'amour que Jésus-Christ a appelé amour suprême, vient de passer devant les regards de notre esprit ébloui. Ce n'est pas assez pour nous d'être saisis d'admiration devant un pareil héroïsme, il faut en outre que nous connaissions par quels moyens a été élevé cet édifice spirituel, ou plus simplement, par quels degrés notre Bienheureux est arrivé à ces hauts sommets de l'héroïsme chrétien. Il le faut, car pour nous il est bien plus question ici d'édifier nos âmes que de satisfaire la curiosité innée de notre esprit. Nous devons recueillir de ce martyr les fruits qui sont le plus en rapport avec notre état. En effet, par sa confession glorieuse, le Bienheureux peut n'être pour la plus part de nous, et très probablement pour tous, qu'un objet d'admiration, tandis que par les vertus qui l'ont préparé au triomphe, il devient un modèle qui s'impose à l'imitation de tous.

Qui donc l'a préparé pour la lutte, et qui, avec la grâce de Dieu, lui a assuré la victoire finale, la palme du martyre? C'est une disposition intérieure qui a formé comme la note dominante de toute sa vie, disposition que je voudrais mettre en pleine lumière, parce que c'est ce qui m'a frappé le plus dans sa vie.

A dire vrai, M. F., tout est grand en lui, tout est marqué au coin du surnaturel, tout porte le cachet de la perfection évangélique.

J'admire dans notre Bienheureux son innocence et sa candeur. Ceux qui ont pu lire dans son intérieur, affirment qu'il a porté devant le tribunal de Dieu son innocence baptismale, et moi après avoir lu sa vie j'y crois ; je crois que sa belle âme n'a jamais été souillée d'aucune faute grave.

J'admire ses lumières, sa science vraiment remarquable. C'était un théologien distingué, un homme initié dans tous les secrets de l'ascetisme, de l'art si difficile de conduire les âmes à la perfection. C'est le témoignage qu'en ont rendu tous ceux qui l'ont approché.

Que dirais-je de ses vertus, de sa sainteté, de sa perfection? Je souscris pleinement et de tout cœur à ce que Monseigneur Spelta, vicaire Apostolique du Houpé, écrivait à Rome en envoyant le procès-verbal instruit en Chine: le vénérable serviteur de Dieu, disait-il, à ne considérer que les vertus, et abstraction faite du martyre, est digne des honneurs des autels. C'est vrai, M. F., parfaitement vrai.

Et pourtant, je dois vous avouer que ce qui me ravit dans le glorieux Perboyre, ce qui me remplit d'enthousiasme, c'est le courage habituel, la force et la grandeur d'âme, l'esprit d'immolation qui formèrent, pour ainsi dire, l'état ordinaire et permanent de sa vie. Ecoutez quelques traits que j'ai notés en lisant sa vie, et à ces échantillons vous connaîtrez ce qui l'a préparé pour le combat, ce qui l'a façonné pour le martyre.

Pourquoi, jeune homme d'environ quinze ans, prend-il la détermination d'entrer dans la Congrégation des prêtres de la Mission ? C'est parce qu'il a l'espoir d'être ensuite envoyé dans les missions, pour y prêcher l'évangile, et de mourir pour la foi, si Dieu l'en juge digne. Les occupations ordinaires du Sacerdoce ne lui suffisent pas, il lui faut les labeurs de l'apostolat, ses périls, ses privations, ses peines.

Le voilà prêtre, professeur, directeur, à la tête des missions importantes, occupant des postes délicats, et s'acquittant à merveille de toutes ces charges. Tout le monde est on ne peut plus heureux de l'avoir pour professeur, pour guide spirituel, pour supérieur, lui seul n'est pas content de lui-même. Il lui semble qu'il n'est pas à sa place et qu'avec sa vie si bien remplie pourtant, il ne fait rien, il perd son temps. Une force secrète le pousse vers la Chine; aller travailler à la conversion des infidèles, gagner des âmes à Jésus-Christ, voilà son rève, le rève éternellement inassouvi de son cœur. C'est ce qu'il ne cesse de demander avec larmes à Dieu, à ses supérieurs, de demander comme une grâce. Quelle soif du martyre !

Cette ferveur d'âme, ce courage à toute épreuve, s'affirment avec un caractère plus héroïque encore, lorsque l'heure sonne enfin de partir de Macao pour se rendre au Ho-Nan, lieu de sa destination.

N'oubliez pas, M. F., que mettre le pied sur le territoire chinois, pour un chrétien, et surtout pour un missionnaire, c'était s'exposer au danger d'être pris, jeté en prison, soumis à des supplices barbares, et condamné à une mort cruelle. Notre confesseur se rendit compte de toute la gravité de son entreprise, et voici comment il s'en exprime dans une de ses lettres: « Nous partîmes le soir, afin de passer la frontière, à la faveur des ténèbres. Ce sont là, ajoute-t-il, des moments dont la solennité ne se retrouve qu'une seule fois dans la vie. » Voilà ce qui s'appelle être fidèle à la grâce, et répondre généreusement à la voix de Dieu. Heureuse l'âme qui sait discerner ces moments décisifs dans la vie du chrétien et qui sait correspondre, coûte que coûte, aux exigences de l'amour divin. « Me voici, écrit-il quelque mois après son arrivée dans le Houpé, me voici dans la même maison où notre Vénérable Clet a été pris pour être mis à mort ailleurs. Je ne sais pas comment cela se fait, mais ce qui est bien certain c'est qu'à cause même de ce souvenir, je jouis dans ces lieux, d'une paix profonde et d'une joie qui remplit toute mon âme. Cela veut dire que son courage était habituellement au niveau des sacrifices « *paratum cor meum* » et qu'il se trouvait pour ainsi dire dans la disposition presque prochaine du martyre. Je pourrais multiplier ces traits, mais ceux que j'ai rapportés doivent suffire pour vous révéler son intérieur et vous édifier sur la générosité de cette âme d'élite. L'explication que nous cherchions de l'héroïsme de vertu, auquel s'est élevé notre grand confesseur est là tout entière ; vous l'avez dans l'esprit d'immolation qui a formé le trait caractéristique de sa vie. A des dispositions pareilles que fallait-il pour faire de M. Perboyre un martyr ? Il fallait sans doute une grâce spéciale, une grâce de choix pour convertir la disposition habituelle du martyre, en disposition actuelle; il fallait l'occasion extérieure de confesser sa foi. L'occasion s'est produite, la grâce est accordée et le héros s'est élevé à la hauteur du sacrifice demandé, et fortifié par la même grâce il a soutenu le bon combat, il a confessé le nom de son maître et il a triomphé.

Si vous me demandez maintenant où le bienheureux a puisé cet esprit de force, cette disposition prochaine au martyre: C'est dans la Congrégation des Prêtres de la mission, répondrais-je tout de suite et sans hésitation, oui, c'est dans sa chère congrégation de saint Vincent. En effet l'esprit d'abnégation, de détachement de toutes choses, l'esprit de sacrifice, d'immolation, est-ce autre chose que l'esprit de Vincent lui-même ? Qu'a cherché toute sa vie Vincent de Paul par ses travaux, par ses œuvres, par ses institutions charitables, si ce n'est la gloire de Dieu par le salut des âmes ? Pour sauver les âmes, pour procurer et développer le règne de Jésus-Christ, Vincent était prêt à tout donner, son temps, sa santé, sa vie, tout, absolument tout. C'est cet esprit qui l'a animé pendant sa vie ; c'est cet esprit qu'il a voulu perpétuer sur la terre par ses prêtres, par ses filles de la charité, par ce qu'il appelle sa famille. Avoir cet esprit c'est être armé pour le combat, c'est être assuré d'en sortir victorieux. Et précisément parce que le bienheureux Perboyre a travaillé sans relâche, dans la congrégation de la mission, à se remplir de l'esprit de son Père, parce qu'il l'a possédé à un degré éminent, il a combattu en vaillant soldat du Christ, et il a remporté la palme du martyre.

Ainsi avons-nous bien le droit de conclure, qu'en somme, ce qui a triomphé sur la montagne rouge d'Ou-Thean-Fou, c'est la règle de Saint-Lazare, ce sont les vertus qu'elle a semées, développées et perfectionnées dans celui qui l'a observée si fidèlement, ou, en un mot, c'est l'esprit de Saint Vincent. Le 16 juin 1737, lors de sa canonisation, c'est Vincent lui-même qui a été glorifié par Clément XII, c'est encore Vincent qu'a exalté Léon XIII le 11 novembre dernier, mais dans la personne de son fils Perboyre, sa fidèle image. Dans l'une comme dans l'autre de ces dates mémorables, c'est toujours le même esprit qui triomphe ; seulement à l'auréole du confesseur dont brillait le front de Vincent dans son fils, est venue s'ajouter l'auréole et la palme du martyre.

Non ideo laudabilis virginitas quia in martyribus

reperitur sed quia ipsa martyres facit. Au mot *virginitas* substituons celui de congrégation, et cette sentence de saint Ambroise est de tout point applicable à la famille de Saint Vincent et peut se traduire ainsi : La gloire qui revient à cette famille religieuse de la béatification de Jean Gabriel Perboyre ne consiste pas seulement en ce qu'un des membres a été martyr, mais bien plutôt en ce que sa règle, bien observée, rend ceux qui la professent dignes de confesser la foi de Jésus, lorsque l'intérêt de la religion le demande. *Non ideo laudabilis quia in martyribus sed quia ipsa martyres facit.* En d'autres termes : un vrai fils de Vincent, à l'occasion et avec la grâce de Dieu, est martyr de Jésus.

III. Il faut avouer, M. F., que pour répondre aux attaques dont elle est le point de mire, l'Eglise a une manière de procéder qui lui est propre et dont elle garde le secret. Nous pouvons admirer cette tactique dans les actes de canonisation et de béatification en général, et tout particulièrement dans celui qui fait l'objet des présentes solennités. De nos jours (qui ne le sait ?) on conteste, et cela de par la science et le progrès moderne, on conteste à l'Eglise le droit d'avoir désormais une place au soleil. L'Eglise, dit-on, a vécu autrefois à l'époque de l'enfance de la civilisation des peuples, elle avait sa raison d'être, elle a pu rendre, et elle a rendu des services réels, mais maintenant au milieu des clartés que projette la civilisation on peut se passer d'elle ; l'Eglise doit disparaître.

Or, comment l'Eglise répond-elle à cet ostracisme qui lui vient de la part de ceux qui lui sont redevables de tout ce qu'ils ont de mieux ? elle répond par ces actes les plus solennels de son magistère infaillible, par lesquels elle affirme son droit sur les esprits, sur les cœurs, sur les consciences, sur le monde entier, aussi bien sur la nation que sur les individus. Agir ainsi sans se soucier des arrêts, sans valeur de la fausse science, n'est-ce pas montrer qu'elle a conscience de son origine céleste, de sa mission divine? n'est-ce pas faire entendre que l'avenir lui appartient? On peut dire en toute vérité que l'Eglise est la seule force morale qui existe au monde, la seule.

Plus de conseils évangéliques, plus de religieux, plus de religieuses; ces institutions surannées ne s'accommodent plus avec les exigences de la civilisation de notre siècle. Voilà ce que dit encore l'impiété moderne. Or en plein dix-neuvième siècle et de nos jours, le Pontife suprême prend un religieux, un de ces religieux honorés de la haine des sectaires, le place sur le piedestal de gloire, que lui forme sa parole infaillible, et le présente à la vénération du monde chrétien. Le Pape parle et plus de deux cent millions d'hommes s'inclinent devant le front de celui que sa main pontificale a couronné. C'est la réponse aux attaques de l'impiété moderne contre les ordres religieux.

A ceux qui s'acharnent à tout déchristianiser, et surtout à bannir Dieu et la religion de l'éducation, l'Eglise répond en glorifiant les institutions qui, dans l'œuvre capitale de l'éducation de la jeunesse, tout en donnant à la culture de l'intelligence la part qu'elle peut et doit avoir, ont pourtant soin de former par l'éducation, le cœur qui est le principal de l'homme et d'assurer par la religion, le salut de l'âme qui est le *seul* nécessaire dont parle l'évangile.

Je viens d'indiquer très sommairement, le but que Léon XIII s'est proposé, après la glorification du bienheureux, dans cet acte de son magistère infaillible; je veux dire maintenant les raisons qui donnent à cette béatification son caractère d'actualité et d'une actualité palpitante.

Mais n'ayant pas le temps de développer ces motifs comme il conviendrait de le faire, je vais céder la parole à notre martyr, pour qu'il vous les résume lui-même avec l'autorité que lui donnent ses vertus, son sang et l'état glorieux où il est maintenant. Oui, ce sera lui qui nous apprendra quels sont les suites de son martyre, et le résultat de sa béatification, et les fruits précieux que nous sommes fondés à en espérer.

« *Usquequo Domine (sanctus et verax) non judicas* « *et non vindicas sanguinem nostrum de iis qui habitant* « *in terra*? (Apocalyp. Ch. VI, v. 10.) Seigneur, vous qui « êtes Saint et Véritable, juqu'à quand différez-vous de « nous faire justice et de venger notre sang contre ceux « qui habitent la terre? » C'est la voix de notre Perboyre se mêlant avec les voix des autres martyrs qui demandent à Jésus le témoin fidèle de Dieu, leur Chef à tous, justice et vengeance.

N'allez pas pourtant croire que la vengeance que demande notre martyr ait quelque chose de commun avec la passion aveugle et fougueuse que nous désignons par le même nom. Loin de là, de son vivant son âme n'a jamais connu le fiel de la haine et de la colère, comment pourrait-il s'inspirer de ces sentiments maintenant que sa volonté se trouve identifiée avec celle de Dieu ? Voici donc ce qu'il veut dire par ces mots :

Seigneur ma vie a été brisée et mon apostolat s'est trouvé ainsi tout à fait inachevé. Ce n'est pas que je regret e la vie que j'ai donnée pour vous, au contraire, j'aurai voulu avoir des milliers de vies pour vous les immoler; ce que je regrette, c'est que mon apostolat ne vous ait pas donné tous les fruits, qu'avec votre grâce, il devait vous donner, je demande donc à titre de compensation, que vous suscitiez d'autres apôtres qui aillent prendre ma place et continuer mon œuvre, l'œuvre de la conversion des infidèles. C'est la justice que je demande c'est toute la vengeance que je réclame.

Ame sainte, âme généreuse, apôtre du Christ rassurez-vous à ce sujet, car votre prière est exaucée, votre vœu est rempli. Vos frères se sont disputé l'honneur de vous remplacer dans la terre inhospitalière et barbare qui a bu votre sang. Votre sang a fait pousser toute une phalange d'apôtres qui pleins d'ardeur se sont précipités vers l'extrême Orient, pour travailler sans relâche à la conversion de ces peuples qui sont encore assis à l'ombre de la mort.

Bref, l'accroissement de la famille spirituelle dans laquelle il s'est sanctifié, une bénédiction pour tous ses établissements en général, mais une bénédiction spéciale pour les missions que les Lazaristes dirigent dans l'Abyssinie, dans la Perse, dans les vastes provinces du nord et du centre de la Chine, voilà ce que demande avec instance notre confesseur de la foi, voilà un des fruits de son martyre et un des résultats de sa béatification.

Il n'y a rien là qui puisse nous surprendre. L'amour surnaturel qui s'allume ici-bas dans les cœurs et en vertu duquel le religieux aime sa Congrégation comme sa mère dans l'ordre de la grâce, cet amour dis-je, non seulement se perpétue dans le ciel, mais il y atteint sa perfection, et son épanouissement complet. Jean Gabriel Perboyre demeure donc dans le ciel, lazariste dans l'acception du mot la meilleure et la plus étendue.

Quousque non vindicas sanguinem nostrum? Sans doute le feu de la colère divine s'allumera un jour contre tous les tyrans qui ont persécuté ses serviteurs, son bras redoutable s'armera enfin pour demander compte du sang versé en haine de la religion, ce sera ce jour là, un jour terrible, mais avant qu'il arrive, avant que la justice de Dieu exerce ses droits inexorables, il faut que sa miséricorde ait pu faire toutes ses avances aux ennemis de la vérité et de la religion.

C'est ce que demande le glorieux Jean-Gabriel, par les paroles que j'ai citées. C'est-à-dire il implore le pardon pour ses bourreaux, à l'imitation de son maître dont il a si bien reproduit la ressemblance dans ses tourments et dans sa mort. Et ce n'est pas assez de cela pour sa charité.. Il sollicite en outre, et avec instance, en faisant valoir son sang, uni avec celui de Jésus, la conversion de la Chine. La conversion de cet empire, je vous l'ai dit et je ne saurais me lasser de le répéter, a été le rêve que son esprit a caressé pendant toute sa vie, le rêve qui a tourmenté son cœur d'apôtre. « Quelle consolation, s'écrie-t-il dans « une de ses lettres, quelle consolation pour l'Eglise « si elle voyait entrer dans son sein, un peuple aussi con- « sidérable et aussi intéressant que le peuple chinois! »

La voix du sang du martyr a été écoutée, et sa prière a déjà produit son effet. En moins de quarante ans on a vu le nombre des chrétiens qui du temps du Bienheureux, d'après ce qu'il en dit lui-même, arrivait à peine à deux cent vingt mille, dépasser maintenant six cent mille; c'est-à-dire il a plus que triplé si on tient compte que le nombre de six cent mille est donné par une statistique dressée il y a environ dix ans. Dieu fasse que ce levain croisse toujours, qu'il pénètre la masse toute entière et que le désir de notre martyr devienne ainsi une sainte réalité.

Notre saint confesseur pourrait-il oublier la France sa Patrie terrestre, sa patrie bien-aimée ? Non , M. F. non il ne l'oublie pas. Rendant son âme à Dieu à huit mille lieues de son pays, il lui reste uni d'esprit et de cœur ; il meurt martyr, oui, mais en même temps français. Aussi convaincu, comme le prouve son histoire de quatorze siècles, que la prospérité et la grandeur de la France sa Patrie, est liée indissolublement à sa fidélité envers le Christ et son

Eglise, il prie pour qu'elle demeure toujours chrétienne. Chrétienne d'esprit, en gardant avec un soin jaloux la piété qu'ont implantée dans son sol, les premiers disciples des apôtres ; chrétienne de cœur, en observant fidèlement la loi du décalogue et de l'Eglise, chrétienne dans ses mœurs, dans ses institutions, dans la vie privée comme dans la vie publique, en se conformant en tout aux maximes de l'Evangile : c'est ce que demandait le bienheureux pour la France sa patrie, afin qu'elle puisse ainsi continuer à être, ce qu'elle a été jusqu'ici : le porte drapeau de la civilisation, la nation apôtre, l'instrument des merveilles de Dieu dans le monde, *gesta Dei per Francos*, ou plus brièvement et plus complètement, la fille ainée de l'Eglise.

Que le Seigneur daigne exaucer cette prière et faire en sorte que non seulement en France, mais dans le ciel, sur la terre, partout et toujours il n'y ait qu'une voix qui dise :

A Jésus-Christ fils du Dieu vivant, roi immortel de gloire, notre Seigneur Souverain qui nous a rachetés par son sang, honneur, bénédiction, actions de graces, louange et gloire dans les siècles des siècles. Ainsi soit-il. *Sedenti in throno et agno benedictio et honor et gloria et potestas in saecula saeculorum. Amen.*

www.ingramcontent.com/pod-product-compliance
Ingram Content Group UK Ltd.
Pitfield, Milton Keynes, MK11 3LW, UK
UKHW020231180726
13838UKWH00005B/2311